초등 과학 교과 연계
3학년 1학기 3. 동물의 한살이   **2학기** 2. 동물의 생활
5학년 1학기 5. 다양한 생물과 우리 생활   **2학기** 2. 생물과 환경

_____ 학년 _____ 반

이름 _____

김혜영 글

성균관대학교에서 아동학을 전공하고, 출판사에서 오랫동안 어린이 과학 책을 만들었습니다. 이야기를 읽는 것, 쓰는 것 모두 좋아합니다. 지은 책으로 《개미 세계 탐험북》, 《장수풍뎅이 탐험북》, 《나비 탐험북》, 《하늘소 탐험북》, 《읽자마자 속담 왕》, 《세계 국기 사전》, 《느림보 코뿔소가 최고야》 등이 있습니다.

김준영 그림

친근하고 장난스러우면서도 무언가 비밀이 숨겨져 있을 것 같은 그림을 그리고 싶습니다. 대학에서 서양화를 공부하고 어린이책, 영화, 연극, 애니메이션 등 다양한 분야에서 그림을 그리는 일러스트레이터로 활동하고 있어요. 《내가 좋아하는 갯벌》, 《초능력 사용법》, 《어린 만세꾼》, 《롱브릿지 숲의 비밀》, 《플라스틱 좀비》, 《솔미표 방패 스티커》 등의 그림을 그렸습니다.

정보 제공 및 내용 감수에 참여한 국립생태원 임직원

장금희

미래 생태학자를 위한

거미 탐험북

발행일 2025년 7월 30일 초판 1쇄 발행

엮음 국립생태원
글 김혜영 | **그림** 김준영
발행인 이창석
책임편집 장지덕 | **편집** 최유준 | **본문구성·진행** 김혜영 | **디자인** 나비
사진 국립생물자원관, iStock, Pixabay
발행처 국립생태원 출판부 | **신고번호** 제 458-2015-000002호(2015년 7월 17일)
주소 충남 서천군 마서면 금강로 1210 l www.nie.re.kr
문의 041-950-5999 l press@nie.re.kr

ⓒ 국립생태원 National Institute of Ecology, 2025
ISBN 979-11-6698-656-7 73400

※ 이 책에 실린 모든 글과 그림을 저작권자의 허락 없이 무단으로 사용하거나
복사하여 배포하는 것은 저작권을 침해하는 것입니다.

⚠ **주의** 다칠 우려가 있습니다. 본 도서를 던지거나 떨어뜨리지 않도록 주의하십시오.
고온 다습한 장소나 직사광선이 닿는 장소에는 보관을 피해 주십시오.

미래 생태학자를 위한

거미 탐험북

국립생태원 엮음

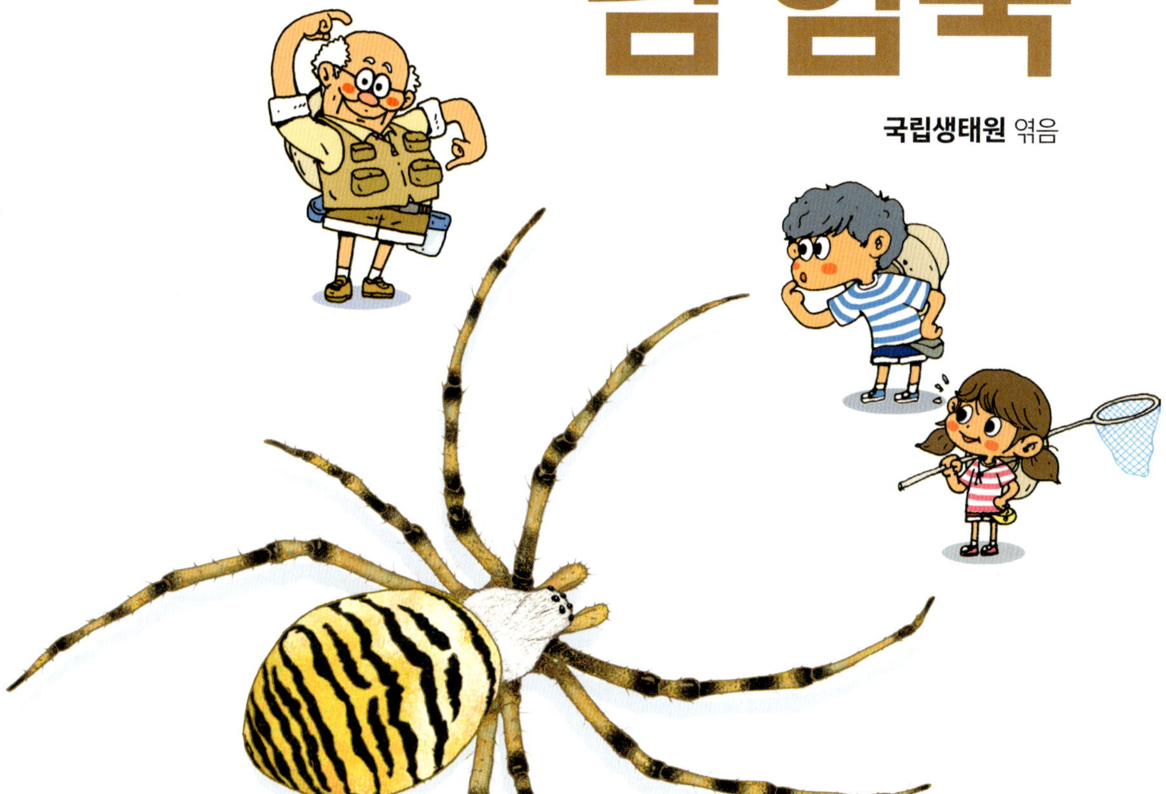

신비한 거미의 세계를 탐험해요

햇볕이 쨍쨍 내리쬐는 들판이나 풀밭에 가면 조용히 숨어 있는 작은 생명들을 만날 수 있어요. 자세히 살펴보면 풀잎이나 나뭇가지, 돌 틈마다 멋진 집을 짓고 있는 친구가 있지요. 이 친구는 누구일까요? 바로 거미예요. 거미는 풀밭, 정원, 숲속뿐만 아니라 우리가 사는 집 안에서도 발견할 수 있어요. 호랑거미, 늑대거미, 왕거미, 무당거미 등 다양한 종류의 거미들이 남극을 제외한 세계 곳곳에서 살아가지요.

거미는 크게 그물을 치는 거미와 땅 위를 기어다니는 거미로 나눌 수 있어요. 여름에 가장 흔히 볼 수 있는 무당거미는 거미줄로 크고 멋진 그물을 치고, 재빨리 기어다니며 사냥하는 늑대거미는 거미줄을 거의 치지 않아요. 땅속에 굴을 파거나 심지어 물속에서 사는 거미도 있지요. 거미는 뛰어난 사냥꾼이자 훌륭한 건축가랍니다.

우리는 잘 모르는 것에는 관심도 생기지 않고 사랑할 수도 없어요. 거미를 포함해 우리와 함께 지구에서 살아가는 모든 생물들도 마찬

가지예요. 더 잘 알게 되면 될수록 점점 더 사랑스럽게 느껴지게 마련이지요.

이 책은 거미의 신비로운 생태를 공부하고 관찰하며, 직접 찾아보고 탐구할 수 있도록 안내해 줘요. 이 책을 읽고 나서 거미와 더욱 친해지고, 이 작고 멋진 친구를 소중히 여기게 된다면 정말 좋겠어요. 동물과 식물이 살지 못하는 환경에서는 사람도 살 수 없답니다. 자연과 사람이 더불어 살아갈 때 지속 가능한 미래를 만들어 나갈 수 있다는 것을 꼭 기억하세요.

자, 그럼 지금부터 '내가 바로 거미 박사!'라고 생각하며 신비한 거미의 세계를 함께 탐험해 볼까요?

국립생태원장 이창석

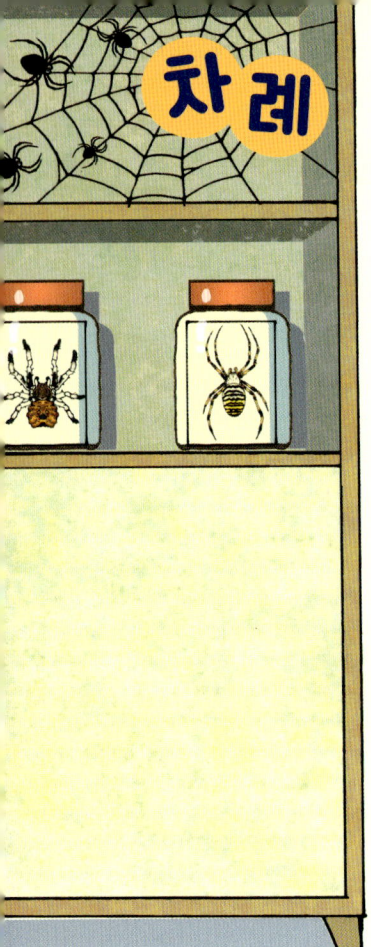

차례

 ## 거미를 탐구해요

거미는 어떤 동물일까? 10
거미는 절지동물이에요 12
한눈에 보는 거미의 생김새 14
거미는 곤충이 아니라고요? 16

 세계 최강 독거미를 찾아라! 18

 ## 거미의 신기한 생태

긴호랑거미의 한살이 22
휙휙 거미줄을 쳐요 24
잡아먹고, 잡아먹혀요 26
살아가는 방식이 달라요 28

 이러쿵저러쿵 거미 신문 30

우리나라의 거미

갈거미과 34
게거미과 38
깡충거미과 42
왕거미과 48
그 밖의 거미들 54
우리나라에만 있는 한국 고유종이에요 56

 **세계의 다양한 거미들** 58

스스로 연구하기

타란툴라를 길러요 62
거미 표본을 만들어요 64
거미로 실험해요 66
더 궁금한 것을 탐구해요 68
거미 탐구 퀴즈를 풀어요 70

거미를 탐구해요

거미는 남극 대륙을 뺀 모든 곳에서 살고 있어요. 그만큼 종류도 많고 생김새도 다양해요. 거미는 곤충과 달리 몸이 머리가슴과 배로 나뉘고 다리가 여덟 개예요. 즉, 거미는 곤충이 아니랍니다. 끈끈한 거미줄을 쳐서 먹이를 잡는 거미도 있고, 거미줄을 치지 않고 이리저리 돌아다니며 먹이를 잡는 거미도 있어요. 거미가 어떤 동물인지 지금부터 함께 알아봐요.

거미는 어떤 동물일까?

다리도 여덟 개, 눈도 여덟 개, 거기에 무시무시한 독니까지 있고 온몸이 털로 뒤덮인 동물이 있어요. 그런 게 있다면 괴물이 아니냐고요? 아니에요. 바로 거미랍니다. 징그럽다며 거미를 싫어하는 사람도 있지만, 사실 거미는 논밭의 해충을 잡아먹는 이로운 동물이에요.

거미의 눈은 모두 홑눈이고 보통은 8개예요. 하지만 종류에 따라 2개, 4개, 6개 또는 눈이 퇴화하여 없는 것도 있어요.

거미는 곤충이 아니에요

거미가 곤충이 아니라니, 깜짝 놀랐지요? 곤충은 다리가 3쌍이고 몸이 머리, 가슴, 배의 세 부분으로 나뉘어요. 하지만 거미는 다리가 4쌍이고 몸이 머리가슴, 배의 두 부분으로 나뉘어서 완전히 다른 동물이랍니다.

나와 같은 곤충이 아니었구나.

자세히 보면 나도 꽤 귀엽다고!

그동안 오해해서 미안해. 자세히 보니 귀엽게 생겼네.

거미는 거미줄을 쳐요

거미는 배 끝에서 끈적끈적한 액체를 내보내 거미줄을 만들어요. 거미줄로 그물을 치고, 그 뒤에 숨거나 쉬다가 먹이가 걸리면 재빨리 잡아들이지요. 그물을 치지 않는 거미도 있어요. 그런 거미에게도 거미줄은 꼭 필요하답니다.

거미는 어디에서나 살아요

거미는 땅 위에서도 살고 땅속에서도 살아요. 풀잎이나 나뭇잎 위에서도 살지요. 심지어 물속에서 사는 거미도 있답니다. 산, 숲, 냇가, 해변가, 동굴까지. 거미는 거의 모든 곳에서 살 수 있어요.

거미는 위험을 느끼면 적이 사라질 때까지 '구명줄'에 매달리거나, 이 줄을 타고 땅에 내려와 숨어요.

풀잎

꽃잎

돌 틈

흙

거미는 절지동물이에요

절지동물은 피부가 딱딱한 껍데기로 되어 있고, 몸에 마디가 있는 동물을 말해요. 곤충류, 갑각류, 다지류, 거미류가 절지동물에 속하지요. 거미는 곤충은 아니지만 곤충과 같은 절지동물이에요.

긴호랑거미는 이렇게 분류해요

생물의 분류 체계는 종, 속, 과, 목, 강, 문, 계로 나뉘어요. 긴호랑거미는 다음과 같이 분류해요.

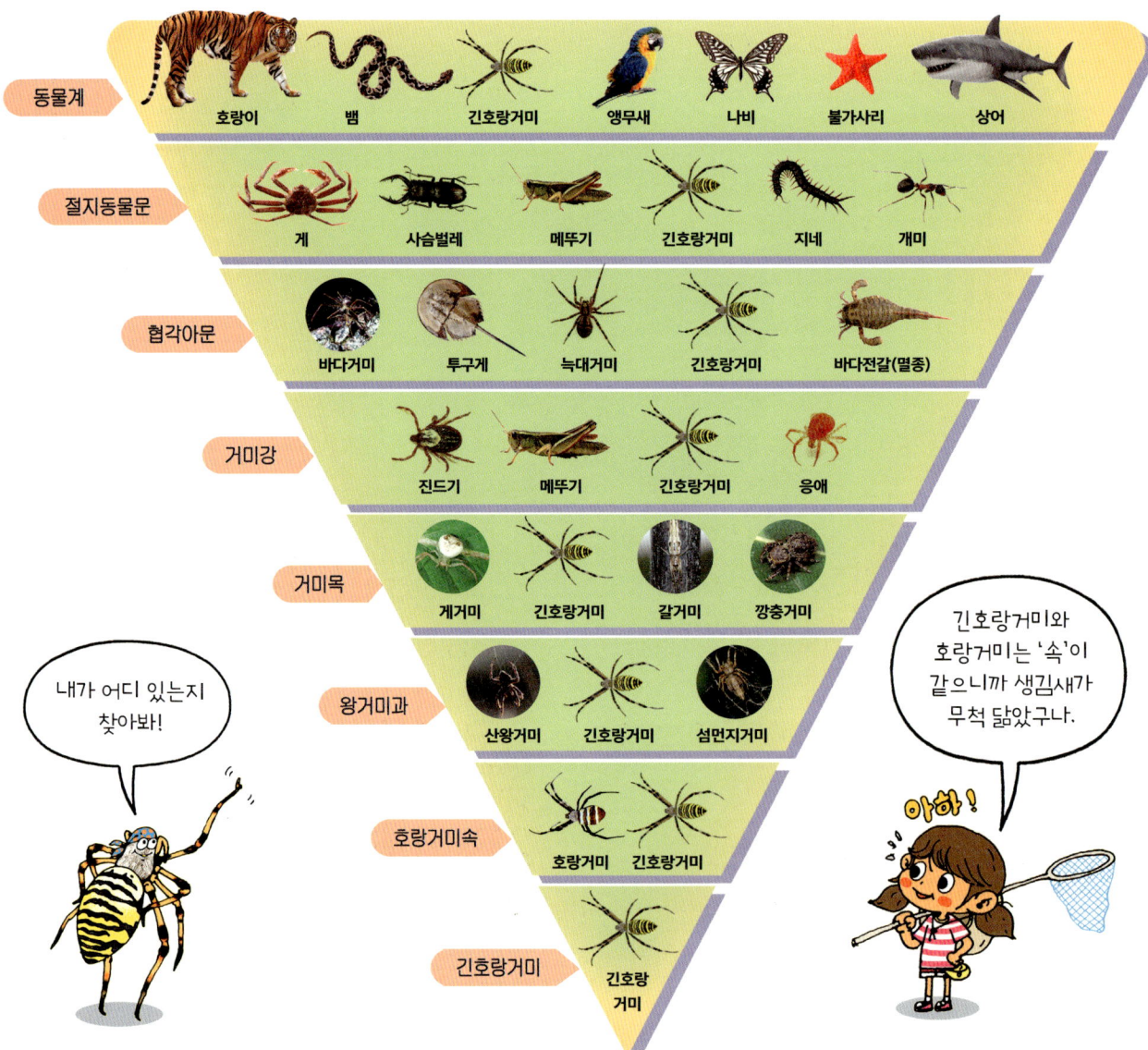

거미는 전갈과 더 가까워요

흔히 거미를 곤충으로 착각하는데, 사실 거미는 전갈이나 진드기, 응애와 더 가까운 동물이에요. 같은 '거미강'에 속하거든요. 곤충은 '곤충강'으로 따로 분류해요.

갑각아문은 껍데기가 단단한 게, 가재 등을 말하고 다지아문은 다리가 많은 지네, 노래기 등을 말해요.

긴호랑거미 / 비닐갈거미 / 가랑잎왕거미

민갈거미 / 줄닷거미 / 까치깡충거미

한눈에 보는 거미의 생김새

거미는 곤충과 달리 날개와 더듬이가 없어요. 다리도 6개가 아니라 8개이고, 몸도 머리가슴과 배의 두 부분으로 나누어져요. 그리고 배 끝에 거미줄을 뽑아내는 '실젖'이라는 기관도 있어요.

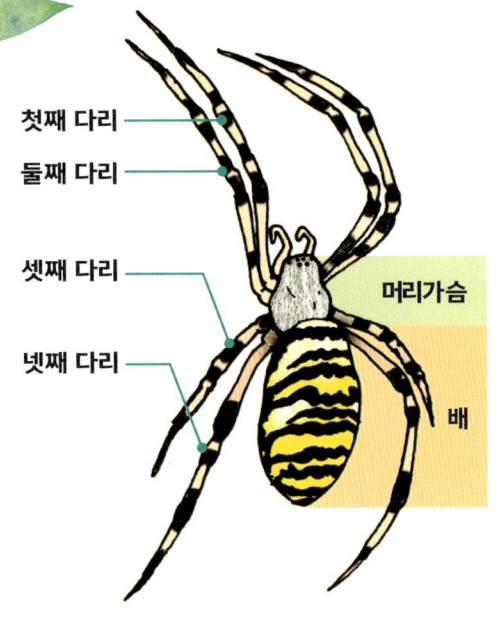

- 첫째 다리
- 둘째 다리
- 셋째 다리
- 넷째 다리
- 머리가슴
- 배

거미의 몸은 머리와 가슴이 붙은 '머리가슴'과 '배'로 나뉘어요.

배 둥근 타원형이에요. 곤충처럼 단단하지 않고 부드러워요. 배 끝에는 실젖이 있어요.

실젖 몸 안의 실샘에서 만들어진 액체가 실젖 안에 있는 가느다란 한 실관을 통해 이동하면서 물리적, 화학적으로 변화되어 고체 형태의 강하고 유연한 거미줄이 돼요.

실젖의 관에서 나오는 실은 여러 가닥이 모여서 만들어진대요.

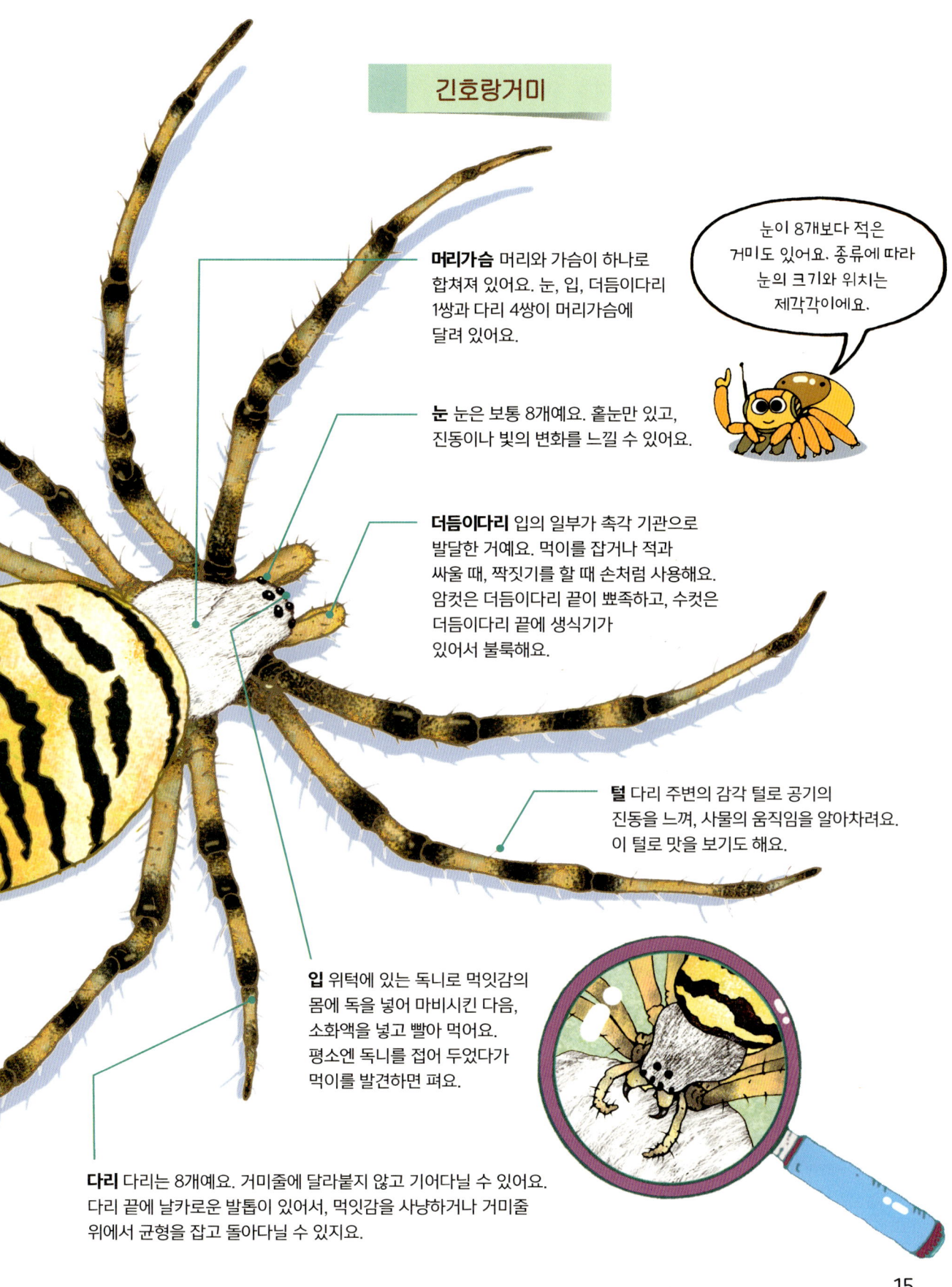

거미는 곤충이 아니라고요?

거미는 곤충처럼 보이지만 곤충이 아니에요. 곤충인지 아닌지 알아보는 가장 쉬운 방법은 다리가 몇 개인지 세어 보는 거예요. 다리가 6개라면 곤충이고, 그렇지 않으면 곤충이 아니랍니다.

늑대거미와 양봉꿀벌을 비교하며 함께 알아볼까요?

늑대거미

몸 구조
머리가슴과 배, 두 부분으로 나뉘어요.

눈
홑눈만 있어요. 대부분 8개인데 눈이 없거나 2개, 4개, 6개인 경우도 있어요.

다리
8개예요.

더듬이
더듬이는 없고, 그 대신 더듬이다리가 있어요.

날개
없어요.

다리가 6개보다 많거나 없는 우리는 곤충이 아니야.

지네   가재   쥐며느리   달팽이

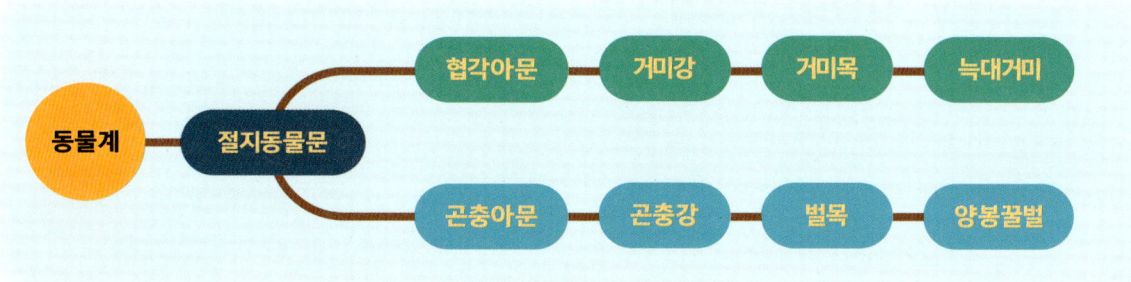

양봉꿀벌

몸 구조
머리, 가슴, 배,
세 부분으로 나뉘어요.

눈
겹눈과 홑눈이
둘 다 있어요.

다리
6개예요.

더듬이
2개가 있어요.

날개
있는 것도 있고,
없는 것도 있어요.

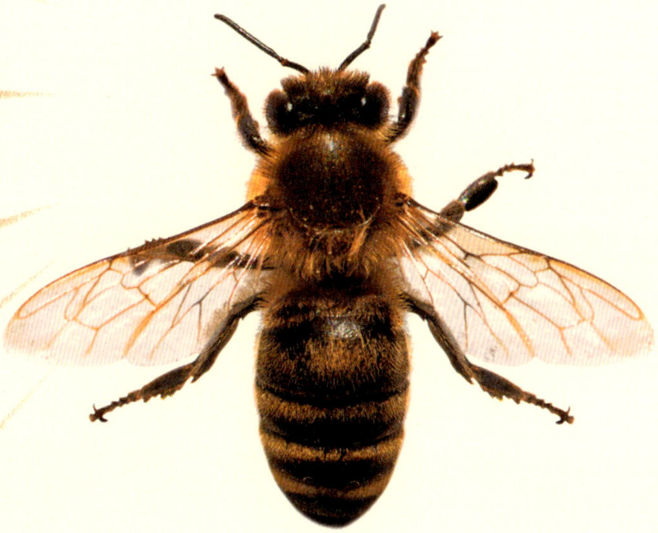

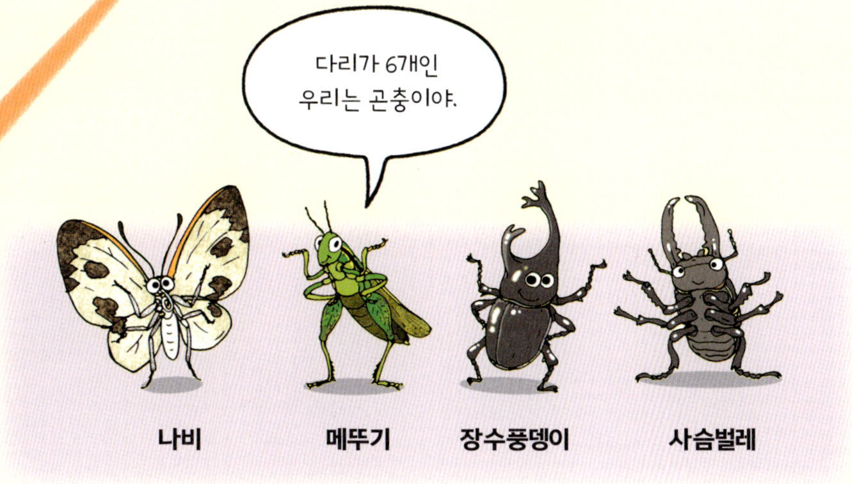

다리가 6개인
우리는 곤충이야.

나비   메뚜기   장수풍뎅이   사슴벌레

# 세계 최강 독거미를 찾아라!

후보 1번
검은과부거미

온통 검은색 몸에 새빨간 무늬!
어때, 겉모습만 봐도 왠지 으스스하지?
내 독은 방울뱀보다 15배나 강하다고.
코브라보다도 강하고 말이야.

후보 2번
시드니깔때기그물거미

내 독은 사람도 죽일 수 있을 만큼 강력해.
호주의 2대 맹독성 거미 중 하나지!
누구든 목숨이 아깝지 않다면 덤벼.

후보 3번
브라질떠돌이거미

어허, 누구 앞에서 지금
잘난 척하는 거야? 내 이름을
못 들어 봤나 보지? 나한테 물린 뒤
제대로 치료받지 못하면,
어른 남자도 몇 시간 안에 죽는다고!

후보 4번
여섯눈모래거미

다들 왜 그렇게 흥분했어?
난 날 건드리지 않으면 상대를
공격하지 않아. 모래 속에 숨어 있으면
세상 편하다고. 난 맹독을 가졌지만
공격성은 없어.

거미의 신기한 생태

거미는 지금으로부터 4억 년 전부터 지구에 살았어요. 사람보다 훨씬 더 오래전부터 산 셈이에요. 거미를 '살아 있는 농약'이라고도 하는데, 그 이유는 거미가 벼멸구나 배추흰나비 애벌레, 노린재 같은 해로운 곤충을 잡아먹기 때문이랍니다.
거미의 큰 특징 중 하나는 거미줄을 만든다는 거예요.
부지런한 건축가 거미가 어떻게 살아가는지 함께 알아봐요.

긴호랑거미의 한살이

수명이 1년인 긴호랑거미는 주위에서 쉽게 볼 수 있는 거미 중 하나예요. 탈바꿈을 하지 않아서 애벌레나 번데기 과정을 거치지 않고, 7~8회 허물을 벗으며 어른이 돼요. 긴호랑거미의 한살이는 어떻게 이루어질까요?

❶ 긴호랑거미 암컷과 수컷이 짝짓기를 해요.

"허물을 벗었더니 피곤해."

"오, 짝짓기를 할 수 있겠군!"

수컷은 암컷이 마지막으로 허물을 벗고 지쳤을 때나, 먹이를 배불리 먹은 뒤를 노려 짝짓기를 해요. 암컷에게 잡아먹히지 않기 위해서예요.

"허물을 벗는 동안에는 먹이도 못 먹고, 적의 공격을 막을 수도 없어요. 그래서 이 시기가 거미에게 가장 위험하답니다."

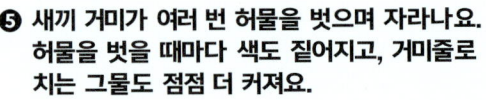

❻ 어른 긴호랑거미가 거미줄로 집을 지어요.

❺ 새끼 거미가 여러 번 허물을 벗으며 자라나요. 허물을 벗을 때마다 색도 짙어지고, 거미줄로 치는 그물도 점점 더 커져요.

짝짓는 시기가 되면 암컷은 아주 사나워지고, 영양분을 미리 챙겨 두기 위해 닥치는 대로 먹어 치워요. 그래서 짝짓기가 끝난 뒤 수컷을 잡아먹기도 해요.

❷ 암컷이 알을 낳아요. 거미줄로 알 주머니를 만들어 수백 개도 넘는 알을 보호하지요. 암컷은 추위와 천적으로부터 알을 지키기 위해, 배가 쪼그라들 때까지 몸속의 거미줄을 모두 뽑아내서 알을 감싸요.

❸ 겨울이 지나고 봄이 오면, 알에서 깬 새끼 거미들이 알 주머니 바깥으로 나와요.

❹ 새끼 거미들이 거미줄과 바람을 이용해서 멀리 떠나요.

거미줄을 타고 날아가는 거미

거미는 날개가 없지만, 거미줄을 바람에 날려 하늘을 날듯 옮겨 갈 수 있어요. 이것을 '유사 비행'이라고 해요. 한곳에 모여 있던 거미들은 거미줄을 타고 여기저기로 흩어져 각자 살 곳을 찾아요.

휙휙 거미줄을 쳐요

거미는 배 끝에서 나오는 거미줄로 멋진 그물을 쳐요. 거미줄은 튼튼하고 질겨서 집을 짓기에 좋은 재료예요. 거미줄로 만든 그물은 거미에게 집, 사냥터, 몸을 숨기는 은신처 역할을 한답니다.

> 가운데에 매달려서 쉬기 때문에 가운데는 거미줄을 더 촘촘하게 쳐요.

긴호랑거미의 그물 치기

긴호랑거미는 풀숲에 수직으로 둥근 그물을 쳐요. 긴호랑거미가 거미줄로 어떻게 그물을 치는지 함께 살펴볼까요?

① 풀이나 나뭇가지 사이에 가장자리가 되는 다리실을 쳐요.

② 그물의 뼈대가 되는 세로실을 한가운데에서 여러 방향으로 쳐요.

③ 세로실을 다 친 뒤에는 가운데부터 가로로 드문드문 발판실을 쳐요.

④ 발판실을 다 치고 나면, 이 줄을 딛고 바깥부터 가로실을 둥글게 쳐요.

긴호랑거미의 그물이 완성되었어요! 긴호랑거미의 그물에는 지그재그(Z) 모양의 흰색 굵은 띠가 두 줄 있어요. 이 줄을 '숨는띠'라고 하는데, 거미가 몸을 숨기는 데 쓰이기도 하고 먹이를 유인하는 데 쓰이기도 해요.

거미줄로 칭칭 감아요

앗, 드디어 먹이가 거미줄에 걸렸어요! 긴호랑거미는 먹잇감이 꼼짝 못하게 거미줄로 먹이를 칭칭 감아요. 그런 다음 먹이의 몸에 독니를 꽂고 독과 소화액을 넣어, 먹이가 녹으면 체액을 빨아 먹는답니다.

거미는 왜 거미줄에 달라붙지 않을까요?

거미줄은 가로줄과 세로줄로 되어 있는데, 가로줄은 끈끈한 액체가 묻어 있어서 무엇이든 달라붙어요. 하지만 거미는 거미줄에 달라붙지 않고 잘 다녀요. 왜 그럴까요? 그 이유는 거미가 세로줄만 타고 다니고, 다리에서 기름 같은 물질이 나오기 때문이에요.

잡아먹고, 잡아먹혀요

거미의 주된 먹이는 곤충이에요. 거미는 거미줄로 그물을 쳐서 먹이를 잡기도 하고, 직접 돌아다니며 먹이를 잡기도 해요. 반대로 거미를 잡아먹는 천적도 있답니다.

거미가 잡아먹어요

거미는 작은 곤충을 잡아먹거나 개구리, 도마뱀을 사냥하기도 해요. 주로 살아 있는 먹이만 먹지만, 어떤 거미는 죽은 먹이를 먹기도 해요.

가게거미류는 깔때기 모양의 그물을 치고 작은 곤충을 잡아먹어요.

깡충거미류는 가운데 눈이 아주 크고 시력도 좋아서 먹잇감을 재빨리 알아차려요. 뒤쪽에서 깡충 뛰어 노린재 같은 작은 곤충을 덮쳐 잡아먹어요.

게거미류는 꽃과 몸 색깔을 비슷하게 하고 가만히 기다리다가, 가까이 다가오는 벌이나 나비 등을 잡아먹어요.

왕거미류는 수직으로 크고 둥근 그물을 치고, 그물에 걸린 먹이를 거미줄로 칭칭 감아서 잡아요.

거미를 잡아먹어요

거미는 천적이 많아요. 새와 쥐, 개구리, 두꺼비, 뱀, 지네 등이 모두 거미를 잡아먹는 천적이지요. 하지만 거미의 가장 큰 적은 바로 사람이에요. 왜 그럴까요? 그 이유는 사람이 농작물에 해로운 벌레를 죽이려고 농약을 많이 뿌리는데, 그로 인해 애꿎은 거미도 죽기 때문이에요.

새 거미는 새가 즐겨 먹는 맛있는 먹이예요.

지네 지네도 거미의 천적이에요.

개구리 개구리가 다리를 쭉 뻗어 거미를 잡아먹고 있어요.

농작물에 농약을 뿌리면 해충도 죽지만 거미도 죽으니 조심해야겠지요?

살아가는 방식이 달라요

어떤 거미는 그물을 치고 공중에 매달려 살고, 어떤 거미는 정해진 집이 없이 이리저리 떠돌아다니며 살아요. 그물을 치고 그 주변에 머물러 사는 거미를 '정주성 거미'라고 해요. 한곳에 머물러 살지 않고 이리저리 돌아다니며 사는 거미는 '배회성 거미'라고 한답니다.

떠돌이 거미는 다리가 잘 발달되어 땅에서도 잘 생활할 수 있어요.

늑대거미
산과 들을 떠돌아다니며 먹이를 찾아요. 먹이를 발견하면 늑대처럼 재빨리 달려들어요.

무당거미
커다랗고 둥근 그물을 치고, 거꾸로 매달린 채 먹이가 걸려들기를 기다려요.

게거미
몸 색깔과 비슷한 꽃 속에 숨어 있다가 벌이나 파리가 다가오면 재빨리 낚아채요.

여섯뿔가시거미
주로 밤에 사냥해요. 길게 늘어뜨린 거미줄 끝에 공처럼 끈끈한 덩어리를 만들고, 이것을 빙빙 돌리면서 나방류를 끌어들여요. 이 공에서는 수컷 나방을 유혹하는 향이 나요.

큰배갈거미
수풀 사이에 수평으로 그물을 치고, 배를 위로 한 채 누워 매달려 있어요.

물거미
물속에 타원형으로 생긴 공기주머니로 집을 짓고 살아요. 작은 물고기나 수생 곤충을 잡아 집 안에 갖고 들어가서 먹어요.

땅거미
땅속에 그물을 치고 먹이를 기다려요.

이러쿵저러쿵 거미 신문

특종

눈이 없는 '한국구슬거미' 발견!

한국구슬거미는 2023년 2월, 세계 최초로 우리나라에서 발견되었어요. 몸길이가 약 1mm로 작은 이 거미는 경상남도 합천군의 한 동굴에서 발견되었답니다. 포식자가 없는 동굴에 살아서 몸 색깔이 보호색이 아닌 흰색이 되었어요. '빛을 받으면 영롱한 구슬처럼 보인다'는 뜻에서 '한국구슬거미'라는 이름이 붙었지요.

이 거미의 가장 큰 특징은 눈이 퇴화되어 없다는 거예요. 한국구슬거미는 동굴의 벽 틈에 거미줄을 치고 매달려, 눈 대신 다리의 감각 기관을 활용해요. 거미줄에 먹이가 걸릴 때 생기는 진동을 느끼고 먹이에게 다가가 잡아먹는답니다.

눈은 없지만 다리로 진동을 느낄 수 있어요.

아시아의 무당거미가 미국 뉴욕까지 진출했다고?

2024년 5월, 미국의 언론들은 뉴욕 여러 주에서 무당거미의 서식처가 점점 늘고 있다고 보도했어요. 원래 동아시아에 사는 무당거미가 어떻게 미국까지 간 것일까요?

곤충학자들은 무당거미가 2010년쯤 미국으로 수출된 컨테이너에 붙어 건너갔을 것으로 추측해요. 무당거미는 일반적인 거미보다 몸집도 크고, 그물도 최대 3m에 이를 만큼 커다랗게 쳐서 눈에 잘 띄어요. 덩치가 크고 무섭게 생겨서 길을 걷다가 발견하면 놀랄지도 몰라요. 하지만 사람에게 해를 끼치지 않고, 파리나 모기 같은 해충을 잡아 주는 고마운 곤충이랍니다. 그러니 오해하지 마세요!

거미 비상경보! 거미를 잡아먹는 거미가 있다?

거미를 잡아먹는 거미의 정체는 바로 '암살거미'예요. 먹이를 사냥할 때 유용한 기다란 턱과 목이 새인 펠리컨과 닮아서 '펠리컨거미'로도 불려요. 펠리컨거미는 1880년대에 마다가스카르 정글에서 살아 있는 채로 처음 발견되었어요. 다른 거미보다 10배나 긴 강력한 목과 턱으로 먹이를 공격해요. 놀랍게도 이 거미는 거미줄을 치는 거미를 주로 잡아먹는답니다.

우리나라의 거미

전 세계에는 약 5만 3,099종, 우리나라에는 900종이 넘는 거미가 살고 있어요.
거미는 우리 주위에서 흔히 볼 수 있지요. 집 안에서도 손이 잘 닿지 않는 구석에서는 종종 거미줄을 발견할 수 있고, 그 주위를 살펴보면 작은 거미를 볼 수 있어요.
우리나라에는 어떤 거미들이 살고 있는지 함께 알아봐요.

갈거미과

턱이 매우 크고 날카로워요.

몸이 매우 길고, 다리도 길어요.

지면에 수평 또는 수직으로 그물을 쳐요.

한곳에 거미줄을 치고 먹잇감을 기다리는 정주성 거미예요.

턱도 길고, 다리도 길고, 몸도 길어.

몸집이 큰 편이야.

비늘갈거미

꼬마백금거미

가시다리거미 정주성

몸길이 약 6~9mm

산속의 나뭇가지와 잎에서 주로 살아요. 한곳에 거미줄을 치고 먹잇감을 기다리는 정주성 거미예요. 밤이 되면 거미줄로 그물을 만들고, 여기에 걸린 작은 곤충을 잡아먹어요. 암컷의 등은 옅은 황갈색이고, 가운데에 노란 무늬가 늘어서 있어요. 5~10월에 볼 수 있어요.

꼬리갈거미 정주성

몸길이 약 10~15mm

풀밭이나 논밭 등에 수평 또는 수직으로 둥근 그물을 쳐요. 논이나 뽕나무 밭에서도 볼 수 있어요. 풀잎 뒤에 숨어 있다가 먹이가 걸리면 쫓아 나와서 사냥을 해요. 배가 길쭉하고 뒤쪽 끝이 뾰족한 꼬리 모양이에요. 6~8월에 나타나요.

논갈거미 정주성

몸길이 약 6~8mm

산과 들의 나뭇가지나 풀숲 사이에 수평으로 커다랗고 둥근 그물을 쳐요. 이 그물의 한가운데에 머리를 아래로 하고 거꾸로 매달려 있지요. 논의 벼 포기 사이에서도 볼 수 있어요. 몸 색깔은 노란빛을 띠어요.

만주굴시내거미 정주성

몸길이 약 11~14mm

동굴 속의 어둡고 축축한 바위틈 사이에 둥근 그물을 쳐요. 암컷은 흰 공 모양 알 주머니를 몸에 매달고, 아래쪽에서 껴안아 보호해요. 배는 달걀 모양인데 황갈색 바탕에 어두운 갈색 띠무늬가 있어요. 사는 곳의 환경이나 개체에 따라 몸 색깔의 진하기가 달라져요.

> 예전에는 굴왕거미로 분류했는데, 우리나라에 사는 거미를 다시 만주굴시내거미로 분류했답니다.

안경무늬시내거미 정주성

몸길이 약 8~13mm

산지의 계곡이나 물가의 수목 사이에 수평으로 크고 둥근 그물을 쳐요. 머리 가운데에 뻗은 갈색 세로 줄무늬에 안경 모양의 황색 무늬가 한 쌍 있어서 이런 이름이 붙었어요. 배의 윗면은 흰색 또는 밝은 황갈색으로, 갈색 잎 무늬가 있어요. 왕거미와 많이 닮았지요.

중백금거미 정주성

몸길이 약 6~12mm

산기슭이나 풀밭 등 물이 흐르지 않고 햇빛이 잘 드는 곳에 수평으로 둥근 그물을 쳐요. 다리는 황갈색으로 길어요. 배가 길고 윗면은 은백색 바탕에 세로로 갈색 무늬가 3줄 있어요. 6~8월에 볼 수 있지요.

장수갈거미 정주성

몸길이 약 10~15mm

계곡 주변이나 하천가의 풀숲 등에 수평으로 둥근 그물을 쳐요. 다리는 길고 크며 가시털이 많아요. 배는 기다란 원통형이에요. 배의 윗면은 은색 비늘무늬로 덮여 있고 흑갈색 물결무늬가 있어요. 갈거미 중에서 덩치가 큰 편이에요. 다리를 뻗고 가느다란 나뭇가지에 붙어 있으면 찾기 힘들어요.

도대체 어디 있는 거야?

큰배갈거미 정주성

몸길이 약 6~12mm

산지 계곡의 수풀에 수평으로 둥근 그물을 치고 살아요. 위턱이 잘 발달하여 튀어나와 있고, 다리도 길어요. 배는 길쭉한 원통형이에요. 배의 윗면은 은색 비늘무늬로 덮여 있고, 나뭇가지 모양의 무늬가 있어요. 7~9월에 볼 수 있지요.

턱거미 정주성

몸길이 약 5~6mm

위턱이 몸에 비해 크고, 다리는 노란색으로 무늬나 가시털이 별로 없어요. 풀밭이나 습지, 특히 논의 벼 포기 사이에 사는 대표적인 거미 중 하나예요. 겨울철에 볏짚 사이나 낙엽 더미 속에서 발견되기도 해요. 4~10월에 볼 수 있어요.

벼를 해치는 해충의 천적이에요.

게거미과

게처럼 몸이 옆으로 길쭉하고 납작해서 잘 숨을 수 있어요.

거미줄을 치지 않고, 꽃잎이나 풀에 숨어 기다리다가 먹이를 덮쳐요.

노란색, 초록색, 흰색 등으로 몸 색깔이 다양해요.

붙잡는 힘이 매우 강해서 자기보다 큰 먹잇감도 꽉 잘 잡아요.

게처럼 몸이 납작하지만 옆으로 걷지는 않아.

숨어 있다가 먹이를 덮치기 좋게, 의태와 위장이 발달했지.

'의태'는 다른 동물이나 사물처럼 보이게 하는 행동이고, '위장'은 몸 색깔이나 무늬를 주변 환경과 비슷하게 만드는 거예요.

꽃게거미

사마귀게거미

각시꽃게거미 배회성

몸길이 약 3~6mm

꽃잎과 풀잎 등에 숨어 있다가 작은 곤충이 가까이 다가오면 잡아먹어요. 앞다리가 뒷다리보다 훨씬 길어요. 배는 둥그스름한 원반 모양이고, 윗면에 갈색 점이 2~3쌍 늘어서 있어요. 머리가슴은 초록색 또는 연두색이에요.

수컷이 암컷보다 작고 더욱 붉은색을 띠어요.

곰보꽃게거미 배회성

몸길이 약 2.5~4.5mm

낮은 산이나 초원, 풀숲 등에서 살아요. 꽃이나 나뭇잎에 숨어 있다가 가까이 다가오는 작은 곤충을 잡아먹어요. 암컷은 배가 둥글고 통통하며, 수컷은 배가 날씬해요. 5~9월에 볼 수 있어요.

낙성곤봉게거미 배회성

몸길이 약 3~6mm

풀숲, 낙엽층이나 땅 위에서 발견할 수 있지만 흔하지 않아요. 배는 황갈색에 갈색 반점이 있고, 작은 곤봉 모양의 센털이 나 있어요. 수컷은 암컷과 생김새가 비슷하지만 암컷보다 크기가 작아요. 5~9월에 볼 수 있어요.

대륙게거미 배회성

몸길이 약 5~13mm

나지막한 산이나 초원, 물가 주변에서 흔히 볼 수 있어요. 배는 둥그스름한 오각형이고, 머리가슴 양옆에 짙은 갈색으로 굵은 줄무늬가 있어요. 5~9월에 나타나요.

중국, 몽골, 러시아에도 살아요. 그래서 이런 이름이 붙었나 봐요.

동방범게거미 배회성

몸길이 약 4~5mm

산과 들에 있는 낮은 나무의 나뭇잎, 또는 과수원 등의 열매와 나뭇잎 위를 돌아다니며 살아요. 다리는 갈색이고 작은 갈색 점이 흩어져 있어요. 6~8월에 볼 수 있지요.

멍게거미 배회성

몸길이 약 5~10mm

산이나 풀밭의 풀잎 뒤에 숨어 있다가 먹이가 다가오면 덮쳐서 잡아먹어요. 몸 색깔은 노란빛을 띤 갈색이에요. 배는 오각형 모양이고 윗면에 황백색 가로줄 무늬가 두세 개 있어요. 셋째 다리가 가장 짧아요. 7~8월에 볼 수 있어요.

난 바다에 사는 멍게야. 생김새가 나를 닮아서 멍게거미니?

오각게거미 배회성

몸길이 약 4~11mm

암컷과 수컷 모두 배 모양이 오각형이어서 이런 이름이 붙었어요. 풀밭, 나지막한 산, 논 주변 식물의 잎과 줄기를 오르내리며 살아요. 긴 다리를 넓게 펴고 먹이를 기다려요. 꽃을 찾아오는 파리와 벌을 주로 잡아먹지요. 5~8월에 볼 수 있어요.

위에서 내려다보면 배가 사다리꼴이어서 쉽게 알아볼 수 있어요.

정원이나 논, 풀밭, 논둑, 길가의 풀숲에서 살아요. 풀 위나 아래에서 가만히 기다리다가 파리 같은 먹잇감이 나타나면 잡아먹어요. 첫째 다리와 둘째 다리가 특히 길고 튼튼해요. 수컷은 어른이 되면 머리와 첫째 다리의 일부가 붉은 갈색을 띠어요.

줄연두게거미 배회성

몸길이 약 8.4~8.8mm

털게거미 배회성

몸길이 약 5~8mm

산지나 풀밭의 수풀 사이를 돌아다니며 생활해요. 풀잎이나 꽃잎 위에 숨어서 먹이를 잡아먹지요. 초록색 바탕에 기다란 흰색 털이 몸 전체에 빽빽하게 나 있어요. 첫째 다리가 다른 다리에 비해 유난히 길어요. 6~9월에 나타나요.

깡충거미과

몸집이 작은 편이에요. 이름처럼 깡충 뛰어서 먹이를 잡아요.

한곳에 거미줄을 쳐서 먹이를 잡지 않고, 이리저리 돌아다니며 먹이를 잡아요.

8개의 눈 중에 2개가 특히 크고, 시력이 좋아요.

점에 따라 자기 몸 길이의 50배 거리까지 뛸 수 있어요.

귀엽게 생겼지? 하지만 알고 보면 뛰어난 사냥꾼이라고!

초롱초롱한 눈, 작은 몸집, 온순한 성격 덕분에 인기가 많아.

두줄깡충거미

털보깡충거미

각시개미거미 배회성

몸길이 약 4~6mm

몸이 가늘고 길며 개미를 닮았어요. 산지나 들판의 풀숲이나 나뭇잎에서 발견돼요. 풀줄기나 나뭇잎 위를 돌아다니며 작은 곤충을 잡아먹어요. 수컷은 암컷보다 몸집이 작은데, 몸 색깔과 무늬는 암컷과 비슷해요.

되니쓰깡충거미 배회성

몸길이 약 6~9mm

낮은 산의 풀잎 위나 작은 나무, 풀밭 등을 돌아다니며 먹이를 잡아요. 배는 달걀형이고 가운데에 노란 톱니 모양이 세로 띠를 이루어요. 수컷은 암컷과 비슷하게 생겼는데, 몸집이 작고 몸 색깔이 진해요. 나무껍질 속이나 낙엽층 밑에 주머니 모양의 집을 만들고 겨울을 나요. 5~10월에 볼 수 있어요.

불개미거미 배회성

몸길이 약 5~8mm

산지의 활엽수 잎 사이를 이리저리 돌아다니며 살아요. 잎 위에 천막 모양으로 집을 만들고, 그 속에 알을 낳기도 해요. 수컷은 위턱이 매우 크고 강해요. 6~8월에 볼 수 있어요.

거미인데 왜 나랑 이름이 같은 거야?

산개미거미 배회성

몸길이 약 4~6mm

눈 있는 곳이 네모난 모양이고 배는 기다란 타원형이에요. 양지바른 들이나 낮은 산의 풀 사이, 돌 밑을 이리저리 오가며 먹이를 잡아요. 배는 긴 달걀형이고, 중간에 갈색 가로무늬가 있는데 개체마다 조금씩 달라요. 수컷은 위턱이 앞으로 길게 뻗어 있어요. 5~8월에 볼 수 있어요.

개미야, 거미야?

산길깡충거미 배회성

몸길이 약 6~9mm

다리가 짧지만 굵고 강해서 잘 뛰어다녀요. 산지, 길가, 풀밭 등의 돌이나 쓰러진 나무에서 쉽게 볼 수 있어요. 암컷은 회색 바탕에 검은 털이 불규칙하게 나 있어요. 수컷은 머리가슴과 배가 검은색이고, 더듬이다리에 흰색 털이 덮여 있어요. 4~9월에 볼 수 있어요.

살짝눈깡충거미 배회성

몸길이 약 3~5mm

산지나 풀밭의 나무 사이 또는 수풀 주변에서 돌아다녀요. 수컷은 암컷에 비해 몸이 가늘고 다리가 길며, 몸 색깔이 짙어요.

세줄깡충거미 배회성

몸길이 약 6~8mm

건물이나 집 주변의 벽면, 정원의 나무 위 또는 땅 위를 이리저리 돌아다니며 먹이를 잡아요. 배 윗면의 굵은 황갈색 띠가 양옆의 가느다란 줄무늬로 둘러싸여 세 줄로 보여서 이런 이름이 붙었어요.

풀밭이나 낮은 나무 위를 이리저리 돌아다니며 먹이를 잡아요. 배는 기다란 달걀 모양이고, 개체마다 무늬가 크게 달라요. 수컷은 암컷보다 몸이 가늘고 다리가 길어요. 5~9월에 나타나요.

안경깡충거미 배회성

몸길이 약 4~6mm

어리개미거미 배회성

몸길이 약 4~6.5mm

산지나 낙엽층 위를 이리저리 돌아다니며, 돌 밑이나 나무껍질 속에 집을 만들어 겨울을 나요. 수컷이 암컷보다 몸집이 작고 몸 색깔이 진해요. 5~10월에 볼 수 있어요.

이름에 '개미'가 들어간 거미들은 모두 개미와 비슷하게 생겼네!

어리수검은깡충거미 배회성

몸길이 약 7~11mm

벼과 식물이 있는 논이나 풀밭, 습지와 공원, 계곡 주변에서 살아요. 벼과 식물의 잎을 돌돌 말아 거미줄로 묶고 그 안에서 생활해요. 4쌍의 다리 중 첫째 다리가 가장 길고 튼튼해요. 암컷은 흰색 중앙 무늬와 양쪽에 짙은 갈색 줄무늬가 있어요. 수컷은 머리가슴에 3쌍의 흰색 점무늬가 있어요.

엄니개미거미 배회성

몸길이 약 3.5~5mm

나지막한 산이나 사람이 사는 집 주변의 나무에 주로 살아요. 땅 위를 이리저리 기어다니며 먹이를 사냥해요. 개미와 아주 비슷하게 생겼지만, 다리 개수를 세어 보면 쉽게 구분할 수 있어요. 보기 드문 편이며 개체 수가 계속 줄어들고 있어요.

> 개미인지 거미인지 헷갈리면 다리를 세어 봐요!

청띠깡충거미 배회성

몸길이 약 5~7mm

낮은 산지나 풀숲 등을 돌아다니며, 첫째 다리를 치켜들고 개미 등의 곤충을 잡아먹어요. 전체적으로 청록색으로 빛나는 가느다란 털로 덮여 있어요. 암컷의 배에 청록색 띠무늬가 있어서 이런 이름이 붙었어요. 매우 빨리 움직여요. 6~9월에 볼 수 있어요.

털보깡충거미 배회성

몸길이 약 5~9mm

암컷의 더듬이다리에 흰 털이 빽빽하게 나 있어서 이런 이름이 붙었어요. 수컷은 머리가슴이 검고, 배는 노란색과 갈색 털로 덮여 있으며, 검은색 중앙 무늬가 뚜렷해요. 산지나 풀밭의 나무줄기 사이를 돌아다니며 나뭇잎을 모아 알 낳는 방을 만들어요. 5~8월에 볼 수 있어요.

흰눈썹깡충거미 배회성

몸길이 약 6~8mm

암컷과 수컷 모두 머리가슴이 검은색이에요. 암수 모두 머리 앞쪽에 흰 눈썹 같은 털이 나 있어서 이런 이름이 붙었어요. 햇볕이 잘 드는 낮은 산, 풀밭, 사람이 사는 집 근처 등에서 흔하게 나타나요. 풀잎을 돌돌 말아 알 낳는 방을 만들어요. 5~9월에 볼 수 있어요.

진짜 얼굴에 흰 눈썹이 달린 것 같아!

흰뺨깡충거미 배회성

몸길이 약 5~8mm

산지나 풀숲을 돌아다니며 풀잎을 2~3장 접어서 집을 만들어요. 수컷은 머리가슴 양옆에 뚜렷한 흰색 무늬가 있어요. 5~8월에 볼 수 있어요. 첫째 다리와 둘째 다리가 특히 굵고 큰 가시털이 많아요.

왕거미과

- 수풀과 수풀 사이에 수직으로 둥글게 거미줄을 쳐요.
- 거미줄에 먹이가 걸리면, 재빨리 다가가 독으로 마비시켜 잡아요.
- 배가 둥글고 크며, 배에 무늬가 있는 것이 많아요.
- 다리에 가시 같은 털이 있어서 거미줄을 잘 다루어요.
- 나뭇가지 사이, 덤불, 창고 근처, 길가 풀숲에서 볼 수 있어요.

"아마 거미 중에 내가 가장 유명할걸?" — 호랑거미

"난 성질이 사나우니까 물리지 않게 조심해!" — 산왕거미

긴호랑거미 정주성

몸길이 약 8~25mm

산지나 들판, 또는 논밭 주변의 나뭇가지와 식물의 풀 사이에 수직으로 둥근 그물을 치고 살아요. 암컷의 배는 호랑거미보다 좀 더 길고, 암컷이 수컷보다 더 크고 무늬도 고와요. 머리를 아래로 둔 채 거미줄에 거꾸로 매달려 있어요. 위험이 닥치면 몸을 흔들어 흰색 띠가 있는 그물을 흔들어요. 8~10월에 볼 수 있어요.

높은 산지에서 살며 보기 드문 편이에요. 수컷은 암컷보다 몸집이 작고 몸 색깔이 더 짙어요. 6~9월에 볼 수 있어요.

모든 거미 중에 가장 먼저 학명이 붙은 거미랍니다.

모서리왕거미 정주성

몸길이 약 10~15mm

미녀왕거미 정주성

몸길이 약 5~10mm

산과 들의 나무 사이에 둥근 그물을 치고 먹잇감이 걸려들기를 기다려요. 나뭇잎 뒤에 천막 같은 집을 짓고 숨어 있다가, 거미줄에 먹이가 걸리면 재빨리 다가가지요. 둥근 원반 모양의 배 윗면 뒤쪽에 검은색 점무늬 4개가 가로로 늘어서 있어요.

거미 중에서 예쁘게 생겨서 미녀라고 부르는 걸까?

붉은새똥거미 정주성

몸길이 약 1.5~7mm

배는 길이보다 폭이 넓어요. 배의 윗면은 붉은색 바탕에 6쌍의 흰색 무늬가 있어요. 산지나 들판의 나무나 억새 사이에 단순한 모양의 동그란 그물을 수평으로 치는 아주 보기 드문 거미예요.

> 앗, 똥이 움직이네?

뿔왕거미 정주성

몸길이 약 9~13mm

높은 산지의 나뭇가지 사이에 작고 둥근 그물을 치고 살아요. 배가 방패 모양으로 뒤쪽이 좁아지고, 어깨가 뿔처럼 튀어나왔어요. 배의 윗면에 있는 띠의 색이나 무늬는 개체마다 달라요. 7~10월에 볼 수 있지만 잡기는 어려운 편이에요.

산왕거미 정주성

몸길이 약 15~30mm

몸집이 큰 편이에요. 공원이나 호수, 정자, 농가 주변에서 흔히 발견돼요. 저녁에 둥근 그물을 쳤다가 낮에는 거두기도 해요. 나뭇잎이나 처마 밑에 숨어 있다가, 먹이가 그물에 걸리면 재빨리 나와 거미줄로 묶어 잡아먹어요. 6~10월에 볼 수 있어요.

> 그물이 질기고 튼튼해서 간혹 작은 새가 걸릴 때도 있어요.

선녀왕거미 정주성

몸길이 약 5~11mm

활엽수 사이에 둥근 그물을 치고 잎을 구부려 은신처를 만들어서 숨기도 해요. 배는 둥글고 청색의 가로줄 무늬가 있어요. 5~7월에 나타나요.

여러분이 선녀왕거미의 생태를 더 자세히 탐구해 보면 어떨까요?

섬먼지거미 정주성

몸길이 약 4~8mm

따뜻한 지방의 섬과 바닷가의 나무, 풀숲 사이에 수직으로 둥근 그물을 쳐요. 그물 한가운데에 있는 숨는띠는 아주 약해서 거의 눈에 띄지 않아요. 자극에 민감해서 조금만 위험을 느껴도 그물 뒤로 몸을 숨겨요.

아기지이어리왕거미 정주성

몸길이 약 9~10mm

배등면에 커다란 점박이 무늬가 있어요. 이 무늬는 개체마다 모양이 달라요. 낮에는 나뭇잎을 말아 그 속에서 지내다가, 밤이 되면 둥근 그물을 수직으로 치고 먹이를 잡아요.

이름 앞에 '아기'가 붙어 지이어리왕거미보다 작을 것 같은데, 크기가 비슷하네.

어리집왕거미 정주성

몸길이 약 5~10mm

산속 계곡 주변의 나뭇가지에 세로로 둥근 그물을 치고 살아요. 주변의 나뭇잎 뒤에 숨어 있거나, 거미줄로 짠 그물 가운데에 숨어 있기도 해요. 7~9월에 볼 수 있어요.

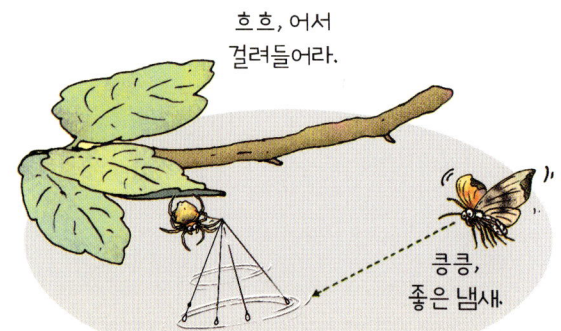

흐흐, 어서 걸려들어라.

킁킁, 좋은 냄새.

더운 지방에 사는 열대성 거미로 우리나라에서는 드물게 발견돼요. 밤중에 나뭇가지나 잎에 거미줄을 늘어뜨리고 있다가, 먹이가 다가오면 끈끈한 줄을 휘둘러 먹이를 잡아요. 양 어깨에 작은 돌기가 있고 뒤 끝에도 돌기가 4개 있어서 이런 이름이 붙었어요.

여섯뿔가시거미 정주성

몸길이 약 3~10mm

적갈어리왕거미 정주성

몸길이 약 7~13mm

수목원이나 낮은 산림의 나뭇가지와 풀 사이에 수직으로 둥근 그물을 치고 살아요. 낮에는 나뭇잎 뒤에 숨어 있기도 해요. 8~10월에 볼 수 있어요.

아직 알려진 게 많지 않아요.

집왕거미 정주성

몸길이 약 5~10mm

배의 무늬가 독특해서 금방 구분할 수 있어요. 구석이나 벽 모서리에 둥근 그물을 치고 살아요. 지하주차장 입구의 천장에서도 쉽게 볼 수 있어요.

집왕거미는 이름처럼 집의 창문이나 베란다 쪽에서 자주 발견돼요.

천문어리왕거미 정주성

몸길이 약 6.3~13mm

풀이 우거진 산의 나뭇가지나 풀숲 사이에 수직으로 둥근 그물을 치고 먹이를 잡아요. 낮에는 그물 근처의 풀잎 뒤에 숨어 있어요. 배는 황갈색 바탕에 짙은 갈색의 굵은 줄무늬가 양옆에 뻗어 있고, 노란색 점무늬가 늘어서 있어요.

호랑거미 정주성

몸길이 약 5~25mm

냇가, 논 주변, 창고 근처의 나뭇가지에 수직으로 커다란 그물을 쳐요. 그물 한가운데에 'X' 자 모양으로 숨는띠를 만들어요. 그물에 먹잇감이 걸리면 재빨리 다가가 거미줄로 둘둘 말아요. 암컷은 배에 노란색과 검은색 띠가 있어서 마치 호랑이 무늬와 비슷해요. 암컷이 수컷보다 훨씬 크지요.

그 밖의 거미들

앞에 나온 갈거미과, 게거미과, 깡충거미과, 왕거미과 외에도 꼬마거미과, 새우게거미과, 늑대거미과, 잎거미과 등 우리나라의 거미 종류는 무척 다양해요.

공주거미

공주거미과 정주성

몸길이 약 7~15mm

산지의 돌담 밑이나 바위 밑, 바위틈, 나무껍질 등에 거미줄로 대롱 모양의 그물을 치고 숨어 있어요. 이 그물에는 양쪽에 입구가 있어서 위급할 때 사용하기에 좋아요. 배는 긴 타원형으로 짙은 갈색이며, 무늬는 없고 황갈색 털이 전체를 덮고 있어요.

> 공주거미에서 '공주'의 뜻은 공주님이란 뜻이 아니라, '속이 빈 집을 짓는다'는 뜻이야.

물거미

잎거미과 정주성

몸길이 약 8~15mm

우리나라 거미 중에서 유일하게 평생을 물속에서 살아가요. 물속의 수초 줄기에 커다란 공기주머니를 만들고, 그 속에서 살지요. 잠수부의 산소통처럼 배에 공기주머니를 달고 있어요.

멸종위기 야생생물 2급

무당거미

무당거미과 정주성

몸길이 약 6~30mm

도시와 시골의 건물, 평지의 숲 등에 커다랗고 둥근 그물을 쳐요. 햇빛을 받아 그물이 금빛으로 보이기도 해요. 배는 긴 원통 모양인데, 노란색 바탕에 청록색 가로무늬가 있어요. 몸 색깔이 무당의 옷처럼 알록달록 화려해서 이런 이름이 붙었어요. 수컷은 같은 종류로 보이지 않을 만큼, 암컷보다 훨씬 작아요.

톱수리거미

수리거미과 배회성

몸길이 약 8~13mm

산지의 풀밭, 평지의 낙엽층, 암석이나 부러진 나뭇가지 아래 등에서 살아요. 돌 밑이나 낙엽 속에 은신처를 만들어요. 거미줄을 치지 않고, 땅 위를 돌아다니며 먹잇감을 사냥해요. 산지에 사는 해충의 천적이지요. 배는 긴 타원형으로 회갈색 바탕에 흰색 털이 덮여 있어요. 5~9월에 나타나며 수가 점점 줄고 있어요.

뫼가시늑대거미

늑대거미과 배회성

몸길이 약 4.5~7mm

늑대거미는 새끼가 태어나면 어느 정도 자랄 때까지 등에 태우고 다니지요.

엄마 등이 제일 좋아요.

주홍거미

주홍거미과 배회성

몸길이 약 8~16mm

산지의 풀밭이나 낙엽 위, 강가의 넓은 풀밭에서 주로 살아요. 땅 위를 돌아다니며 작은 곤충을 잡아먹지요. 다리가 발달해서 무척 빠르게 달릴 수 있어요. 4~8월에 나타나요.

얕은 산의 바위 밑이나 초원의 낮은 나무 또는 풀뿌리 밑에 땅굴을 파고, 그 위에 천막 모양으로 그물을 쳐요. 암컷은 온몸이 검고 부드러운 털로 덮여 있고, 수컷은 배 등면이 주홍색 바탕에 검고 둥근 무늬가 2~3쌍 있어요. 다리는 짧고 굵어요.

우리나라에만 있는 한국 고유종이에요

고려꽃왕거미
몸길이 약 4~8mm

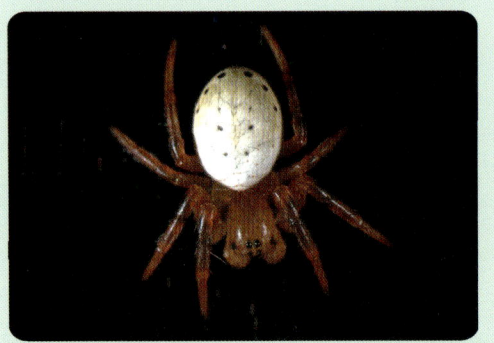

경기도 광릉숲에서 볼 수 있어요. 풀숲 사이에 작고 둥근 그물을 쳐서 먹이를 잡아요. 배는 달걀 모양이고, 황백색 바탕에 점이 3쌍 있어요.

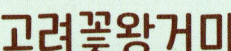

모산굴뚝거미
몸길이 약 4~8mm

전국에서 볼 수 있어요. 배는 달걀 모양인데, 검은색 바탕에 한자로 '팔(八)' 자처럼 생긴 무늬가 있어요. 굴뚝 모양으로 그물을 쳐요.

방울가게거미
몸길이 약 8.5mm

산지의 돌 밑 등에 작은 깔때기 모양 그물을 쳐요. 넷째 다리가 가장 길어요. 배는 달걀 모양으로, 회황색 바탕에 검은 무늬가 있어요.

산새매거미
몸길이 약 4.5~7mm

처음 발견된 곳은 경상북도 구미시예요. 보기 드문 희귀종으로 산과 들의 돌 틈에 살아요. 여름에 가장 자주 볼 수 있어요. 짧은 갈색 털이 배를 빽빽하게 덮고 있지요.

속리가게거미
몸길이 약 6~11mm

광릉, 속리산을 포함하여 한반도 전역에서 볼 수 있어요. 산비탈이나 돌 밑 등에 작은 깔때기 모양의 그물을 쳐요. 1년 내내 어른 거미를 볼 수 있지요.

콩두더지거미
몸길이 약 3~4mm

경상남도 가야산에서 처음 발견되었어요. 산지의 돌 밑이나 땅 위에서 볼 수 있지요. 5~8월에 다 자라고 1년 내내 볼 수 있어요. '콩두더지마른잎거미'로도 불러요.

한들잔나비거미
몸길이 약 1.9~2.2mm

제주도 한들굴에서 처음 발견되었어요. 동굴에 가면 일 년 내내 볼 수 있지요. 동굴 속 벽면과 암반 틈에 작은 방석 모양으로 그물을 쳐요.

한라땅거미
몸길이 약 10~18mm

처음 발견된 곳은 제주도 한라산이에요. 어두침침한 산지의 바위 밑에 그물을 쳐요. 6~7월에 나타나는데, 암컷은 일년 내내 볼 수 있어요.

세계의 다양한 거미들

거미는 남극 대륙을 뺀 모든 곳에서 살고 있어요. 그만큼 종류도 많고 생김새도 다양해요. 세계에는 다양한 거미가 있어요. 어떤 것들이 있는지 만나 볼까요?

골리앗새잡이거미

세계에서 가장 큰 거미예요. 다리를 쭉 펼치면 몸길이가 약 30cm나 되는 것도 있어요. 덩치가 커서 작은 새를 사냥하기도 해요. 겉보기와 달리 독이 약해서 사람에게는 위험하지 않아요. 남아메리카에서 발견돼요.

땅에 굴을 파고 들어간 다음 입구에 흙과 식물, 거미줄로 문을 만들어 입구를 닫아 두어요. 이 문은 밖에서 보면 눈에 잘 띄지 않아요. 굴 속에 거미줄을 잔뜩 친 뒤, 굴 밖에도 여러 줄을 늘어놓지요. 먹이가 거미줄을 건드리면 재빨리 문을 열고 나가서 잡아들여요. 아프리카, 남아메리카 등 열대 및 아열대 지역에서 발견돼요.

문달이거미류

황금무당거미

햇빛을 받으면 거미줄이 황금빛으로 반짝여요. 나뭇잎 사이에 거미줄을 쳐 놓으면 햇빛과 섞여서 눈에 잘 띄지 않지요. 크고 둥글게 그물을 치는데, 큰 것은 지름이 1m도 넘어요. 아시아, 아프리카, 오스트레일리아에서 발견돼요.

가죽거미류

노란색 또는 갈색 몸에 검은 점이나 무늬가 많아요. 신기하게도 독성과 끈적끈적한 성질을 가진 액체를 뱉어서 사냥을 해요. 다른 거미들은 눈이 8개인데, 가죽거미류는 6개의 눈이 2개씩 세 줄로 나 있어요. 극지방을 제외한 모든 곳에서 발견돼요.

검은과부거미

새까만 몸에 빨간색 무늬가 아름답지만, 무서운 독을 지닌 독거미예요. 방울뱀보다 15배나 강력한 독을 갖고 있거든요. 짝짓기가 끝나면 자기보다 몸집이 작은 수컷을 잡아먹어서 이런 무서운 이름이 붙었어요. '과부'란 남편을 잃고 혼자 사는 여자를 말해요. 미국과 멕시코에서 발견돼요.

스스로 연구하기

지금까지 거미에 대해 많은 것을 배웠지요? 이번에는 거미를 직접 기르는 방법을 알아보고, 흥미로운 실험도 해 봐요. 거미와 관련한 여러 가지 활동을 하면서 스스로 연구하는 힘을 길러 보세요. 그리고 더 알고 싶은 것이 있으면 묻고 답하면서 더 자세히 알아보세요.

타란툴라를 길러요

요즘에는 집에서 거미를 직접 기르는 사람이 많아졌어요. 그중에서 가장 인기가 많은 거미는 타란툴라예요. 타란툴라는 크기가 커서 관찰하기 좋고, 종류도 다양해서 거미를 처음 기르는 사람에게 인기가 많답니다.

알맞은 환경을 갖추어 주어요

열대와 아열대 기후에서 두루 사는 타란툴라는 무려 1,500여 종류에 이를 정도로 종류가 다양해요. 사는 곳도 저마다 달라요. 땅 위를 돌아다니는 종류가 있는가 하면, 땅속에서 주로 생활하는 종류도 있어요. 나무 위에서 사는 것들도 있지요. 그래서 집에서 타란툴라를 기를 때는 알맞은 서식 환경을 갖춰야 해요.

거미를 처음 기르는 사람이라면 주로 땅 위에서 사는 타란툴라를 기르는 것이 좋아요. 성격이 제일 순하거든요.

나무 위에서 사는 타란툴라는 다리가 길쭉하고 움직임이 재빨라요. 성격은 예민하고 사나운 편이라 초보자가 기르기 쉽지 않지요.
집에서 기를 때는 길쭉한 사육통에 흙을 깔고 거미가 지낼 수 있는 나무를 넣어 주어야 해요.

타란툴라는 오래 사는 거미로 유명해요. 암컷은 10년 넘게 살고, 길게는 30년 정도 사는 종류도 있답니다.

땅속에 사는 타란툴라는 평소에는 굴을 파고 숨어 지내다가, 먹이가 근처를 지나가면 잽싸게 사냥해요. 공격적이고 거칠어서 초보자가 기르기 힘들지요. 집에서 기를 때는 길쭉한 사육통에 흙을 두껍게 깔아서 굴을 팔 수 있게 해 주어야 해요.

주의

① 거미는 눈으로만 보세요. 함부로 만지면 스트레스를 받아서 물 수도 있어요.

② 활동이 줄고 먹이를 먹지 않으면, 허물을 벗으려는 것일 수 있으니 그냥 두세요. 탈피 후에도 회복 시간이 필요하니 그때도 건드리면 안 돼요.

③ 햇볕을 직접 쬐는 건 절대 안 돼요. 조명이 강한 것도 좋지 않답니다.

- 사육장 안의 온도는 21~28℃, 습도는 60~80% 정도를 유지해요.
- 인공 동굴이나 나무조각 등 거미가 숨어 있을 장소가 필요해요.
- 흙은 늘 촉촉히 젖어 있어야 해요.
- 2~3일에 한 번 정도 살아 있는 귀뚜라미나 밀웜을 먹이로 주어요.

땅 위를 돌아다니며 사냥하는 타란툴라들은 성격이 온순해서 기르기가 쉬운 편이에요. 자이언트화이트니, 셀먼핑크버드이터, 브라질리언블랙앤화이트, 챠코골덴니 등이 초보자들이 기르기 좋은 종류랍니다.

거미 표본을 만들어요

거미는 겉의 피부가 단단하지 않아요. 곤충처럼 말려서 표본을 만들면 쪼그라들어 모양을 유지하기 힘들지요. 그래서 알코올에 담가 표본을 만드는데, 이것을 액침 표본이라고 해요.

동물의 수분을 없애서 표본을 만드는 것은 건조 표본이라고 해요.

준비물

표본용 거미

플라스틱 통

핀셋

종이판이나 솜

접착제

종이

연필

표본용 유리병

80% 알코올

작은 수조

액침 표본 만들기

① 거미가 죽으면 플라스틱 통에 넣어 냉동실에 보관해요.

② 냉동실에서 꺼낸 거미를 80% 알코올에 10분 정도 담가 부드럽게 만들어요.

③ 4쌍의 다리가 대칭을 이루도록 예쁘게 정리해요.

④ 두꺼운 종이판에 거미를 올리고 접착제로 고정하거나, 솜 위에 올려서 모양을 잡아요.

⑤ 채집 날짜, 채집 장소 등 표본의 정보를 종이에 적어 표본 뒷면에 붙여요.

⑥ ⑤를 표본용 유리병에 넣어요.

⑦ 작은 수조에 80% 알코올을 병 높이만큼 붓고, 병을 기울여 알코올에 담근 뒤 뚜껑을 닫아요.

⑧ 완성한 표본은 햇빛이 직접 비치지 않고 서늘한 곳에 보관해요.

거미로 실험해요

거미에 대해 좀 더 알고 싶으면 어떻게 하는 것이 좋을까요? 직접 실험해 봐도 좋아요. 먼저 가설을 세우고 결과를 예상해 보세요. 그리고 실험을 한 뒤, 실험 결과를 해석해 보세요.

가설이란 모르는 일에 대해, 미루어 짐작해 생각해 보고 설명하는 것을 말해요.

실험1: 거미는 거미줄에 절대로 걸리지 않을까?

1단계	가설 세우고 예측하기

거미는 평소에 끈적이지 않는 세로줄을 타고 다니므로 거미줄에 걸리지 않는다. 그러나 끈적한 가로줄에 걸린다면 거미줄에 달라붙을 것이다.

2단계	실험하기

① 거미의 서식지로 가서 거미줄을 친 거미를 채집해요.

② 거미가 쳐 놓은 그물에 조심스럽게 붙여요.

③ 다른 거미가 쳐 놓은 그물을 향해 조심스럽게 던져요.

3단계	실험 결과 해석하기

거미를 자기가 친 거미줄에 던지자 착 달라붙었다. 다른 거미가 친 거미줄에도 마찬가지였다. 이를 통해 거미는 거미줄에 걸릴 수 있다는 가설이 옳다는 것을 알 수 있다.

실험2:
거미는 다른 거미의 거미줄에 걸렸을 때 어떻게 할까?

| 1단계 | 가설 세우고 예측하기 |

거미줄에서 빠져 나오기 위해 발버둥쳐서 결국 거미줄에서 벗어날 것이다.

> 거미는 자기와 같은 종류의 동물을 잡아 먹는 대표적인 동물이에요.

| 2단계 | 실험하기 |

① 크기가 다른 두 종류의 거미를 채집해요. 또 두 거미와 같은 종류의 거미를 찾아 거미줄의 위치를 기억해 두어요.

② 작은 거미를 큰 거미가 친 거미줄에 붙여요.

③ 큰 거미를 작은 거미가 친 거미줄에 붙여요.

| 3단계 | 실험 결과 해석하기 |

작은 거미는 큰 거미의 거미줄에 붙자 몸을 움직이지 않고 가만히 있었다. 그러나 진동을 느낀 큰 거미가 다가와 작은 거미를 잡아먹으려 했다. 반대로 큰 거미는 몸을 열심히 움직여 거미줄을 벗어났고, 집 주인인 작은 거미는 거미줄을 끊고 도망갔다. 이를 통해 거미가 다른 거미의 거미줄에 걸리면 벗어나려 한다는 가설이 다 옳지 않다는 것을 수 있다.

더 궁금한 것을 탐구해요

Q. 거미는 얼마나 오래 사나요?

A. 거미의 수명은 1년 이내, 1~1년 반, 2~3년, 그 이상으로 구분할 수 있어요. 수컷이 암컷보다 수명이 짧아요. 거미의 수명은 환경에 따라 달라진답니다.

1년	1~1년 반	2~3년	그 이상
들풀거미, 무당거미, 뿔왕거미, 산왕거미 등	대륙게거미, 줄연두게거미, 줄닷거미, 말꼬마거미 등	공주거미, 한국깔때기거미, 주홍거미 등	한라땅거미, 광릉땅거미 등

Q. 거미줄은 얼마나 튼튼해요?

A. 거미줄은 머리카락보다 가늘지만 같은 굵기의 강철보다 다섯 배는 강해요. 길게 늘어났다가 원래 길이로 줄어드는 성질도 매우 뛰어나서 쉽게 끊어지지 않아요. 그래서 사람들은 수술한 곳을 꿰매는 실이나 인공 인대 같은 의료 장비, 방탄복, 항공기 재료 같은 고강도 소재를 만드는 데 거미줄의 이런 성질을 활용하고 있어요.

Q. 거미가 눈도 나쁘고 귀도 없다는 게 정말인가요?

A. 거미의 눈은 보통 8개지만 2개, 4개, 6개, 퇴화되어 없는 것도 있어요. 이렇게 눈이 많은데도 대부분의 거미는 잘 보지 못해요. 겨우 어둡고 밝은 정도만 구별할 뿐이지요. 심지어 귀도 없어서 소리를 듣지 못해요. 하지만 온몸에 난 털과 거미줄의 떨림으로 환경의 변화를 알아채고, 소리를 느낄 수 있어요.

힝, 보이지도 들리지도 않는다면서.

하하하, 다 아는 수가 있지.

Q. 거미는 이빨도 거의 없는데 어떻게 먹이를 먹나요?

A. 거미는 이빨이 거의 없거나 작아서 다른 육식 동물처럼 먹이를 씹어 먹지 못해요. 대신 독니가 있지요. 무시무시한 독니로 먹이를 꽉 물어서 마비시키고, 소화액을 주입하여 흐물흐물하게 만든 뒤 체액을 주스처럼 쪽 빨아 먹는답니다.

거미 탐구 퀴즈를 풀어요

거미에 대해 이제 잘 알게 되었나요? 다음은 이 책에 나온 거미들에 관한 퀴즈예요. 퀴즈를 풀며 거미를 더 탐구해 보세요.

정답을 모르겠거든 다시 앞으로 가서 읽어 보세요.

1. 거미의 눈은 겹눈일까요, 홑눈일까요?

2. 거미목에 속하는 것은 다음 중 무엇일까요?
❶ 파리 ❷ 모기
❸ 꿀벌 ❹ 긴호랑거미

3. 거미의 몸은 머리가슴과 배로 나누어져요. 이 설명이 맞으면 ○, 틀리면 X를 표시하세요.

4. 거미의 다리는 모두 몇 개일까요?
❶ 8개 ❷ 2개
❸ 4개 ❹ 6개

5. 새끼들이 어느 정도 자랄 때까지 등에 태우고 다니는 거미는 무엇일까요?

6. 물거미는 멸종위기 야생생물 2급으로 지정되어 있어요. 이 설명이 맞으면 ○, 틀리면 X를 표시하세요.

7. 거미는 다음 중 어느 동물에 속할까요?
❶ 연체동물 ❷ 척추동물
❸ 환형동물 ❹ 절지동물

8. 평생 동안 물속에서 사는 거미는 무엇일까요?

9. 깡충거미는 거미줄을 쳐서 먹이를 잡아요. 이 설명이 맞으면 ○, 틀리면 X를 표시하세요.

정답이 뭘까?

10. 거미의 천적이 아닌 것은 다음 중 무엇일까요?
❶ 새 ❷ 두꺼비
❸ 사람 ❹ 파리

11. 거미의 배 끝에 있으며, 거미줄을 만드는 기관은 무엇일까요?

12. 암컷 거미가 알을 낳은 뒤 만드는 것은 무엇일까요?
❶ 알 주머니 ❷ 알 거미줄
❸ 알 바구니 ❹ 알 그물

13. 몸집이 크고, 무당처럼 색이 화려한 거미는 다음 중 무엇일까요?
❶ 무당거미 ❷ 긴호랑거미
❸ 가시거미 ❹ 비닐갈거미

흥미로운 내용이 있다면 더 자세히 탐구해 보세요!

14. 세계에서 가장 큰 거미는 다음 중 무엇일까요?
❶ 산왕거미 ❷ 골리앗새잡이거미
❸ 타란툴라 ❹ 검은과부거미

71

정답

70~71쪽

1. 홑눈 2. ④ 3. ○ 4. ① 5. 늑대거미 6. ○ 7. ④
8. 물거미 9. X(깡충거미는 거미줄을 치지 않고, 깡충 뛰어서 먹이를 잡아요)
10. ④ 11. 실젖 12. ① 13. ① 14. ②

 만주굴시내거미	 중백금거미	 곰보꽃게거미	털게거미
 산개미거미	 청띠깡충거미	 털보깡충거미	 긴호랑거미
 붉은새똥거미	 공주거미	 무당거미	 외가시늑대거미

털게거미 배회성

게거미과
몸길이 약 5~8mm

산지나 풀밭의 수풀 사이를 돌아다니며 생활해요. 풀잎이나 꽃잎 위에 숨어서 먹이를 잡아먹지요. 초록색 바탕에 기다란 흰색 털이 몸 전체에 빽빽하게 나 있어요. 첫째 다리가 다른 다리에 비해 유난히 길어요. 6~9월에 나타나요.

곰보꽃게거미 배회성

게거미과
몸길이 약 2.5~4.5mm

낮은 산이나 초원, 풀숲 등에서 살아요. 꽃이나 나뭇잎에 숨어 있다가 가까이 다가오는 작은 곤충을 잡아먹어요. 암컷은 배가 둥글고 통통하며, 수컷은 배가 날씬해요. 5~9월에 볼 수 있어요.

중백금거미 정주성

갈거미과
몸길이 약 6~12mm

산기슭이나 풀밭 등 물이 흐르지 않고 햇빛이 잘 드는 곳에 수평으로 둥근 그물을 쳐요. 다리는 황갈색으로 길어요. 배가 길고 윗면은 은백색 바탕에 세로로 갈색 무늬가 3줄 있어요. 6~8월에 볼 수 있지요.

만주굴시내거미 정주성

갈거미과
몸길이 약 11~14mm

동굴 속의 어둡고 축축한 바위틈 사이에 둥근 그물을 쳐요. 암컷은 흰 공 모양 알 주머니를 몸에 매달고, 아래쪽에서 껴안아 보호해요. 배는 달걀 모양인데 황갈색 바탕에 어두운 갈색 띠무늬가 있어요. 사는 곳의 환경이나 개체에 따라 몸 색깔의 진하기가 달라져요.

긴호랑거미 정주성

왕거미과
몸길이 약 8~25mm

산지나 들판, 또는 논밭 주변의 나뭇가지와 식물의 풀 사이에 수직으로 둥근 그물을 치고 살아요. 암컷의 배는 호랑거미보다 좀 더 길고, 암컷이 수컷보다 더 크고 무늬도 고와요. 머리를 아래로 둔 채 거미줄에 거꾸로 매달려 있어요. 위험이 닥치면 몸을 흔들어 흰색 띠가 있는 그물을 흔들어요. 8~10월에 볼 수 있어요.

털보깡충거미 배회성

깡충거미과
몸길이 약 5~9mm

암컷의 더듬이다리에 흰 털이 빽빽하게 나 있어서 이런 이름이 붙었어요. 수컷은 머리가슴이 검고, 배는 노란색, 갈색의 털이 덮고 있으며, 검은색 중앙 무늬가 뚜렷해요. 산지나 풀밭의 나무줄기 사이를 돌아다니며 나뭇잎을 모아 알 낳는 방을 만들어요. 5~8월에 볼 수 있어요.

청띠깡충거미 배회성

깡충거미과
몸길이 약 5~7mm

낮은 산이나 풀숲 등을 돌아다니며, 첫째 다리를 치켜들고 개미 등의 곤충을 잡아먹어요. 전체적으로 청록색으로 빛나는 가느다란 털로 덮여 있어요. 암컷의 배에 청록색 띠무늬가 있어서 이런 이름이 붙었어요. 매우 빨리 움직여요. 6~9월에 볼 수 있어요.

산개미거미 배회성

깡충거미과
몸길이 약 4~6mm

눈 있는 곳이 네모난 모양이고 배는 기다란 타원형이에요. 양지바른 들이나 낮은 산의 풀 사이, 돌 밑을 이리저리 오가며 먹이를 잡아요. 배는 긴 달걀형이고, 중간에 갈색 가로무늬가 있는데 개체마다 조금씩 달라요. 수컷은 위턱이 앞으로 길게 뻗어 있어요. 5~8월에 볼 수 있어요.

외가시늑대거미 배회성

늑대거미과
몸길이 약 4.5~7mm

산지의 풀밭이나 낙엽 위, 강가의 넓은 풀밭에서 주로 살아요. 땅 위를 돌아다니며 작은 곤충을 잡아먹지요. 다리가 발달해서 무척 빠르게 달릴 수 있어요. 4~8월에 나타나요.

무당거미 정주성

무당거미과
몸길이 약 6~30mm

도시와 시골의 건물, 평지의 숲 등에 커다랗고 둥근 그물을 쳐요. 햇빛을 받아 그물이 금빛으로 보이기도 해요. 배는 긴 원통 모양인데, 노란색 바탕에 청록색 가로무늬가 있어요. 몸 색깔이 무당의 옷처럼 알록달록 화려해서 이런 이름이 붙었어요. 수컷은 같은 종류로 보이지 않을 만큼 암컷보다 훨씬 작아요.

공주거미 정주성

공주거미과
몸길이 약 7~15mm

산지의 돌담 밑이나 바위 밑, 바위틈, 나무껍질 등에 거미줄로 대롱 모양의 그물을 치고 숨어 있어요. 이 그물에는 양쪽에 입구가 있어서 위급할 때 사용하기에 좋아요. 배는 긴 타원형으로 짙은 갈색이며, 무늬는 없고 황갈색 털이 전체를 덮고 있어요.

붉은새똥거미 정주성

왕거미과
몸길이 약 1.5~7mm

배는 길이보다 폭이 넓어요. 배의 윗면은 붉은색 바탕에 6쌍의 흰색 무늬가 있어요. 산지나 들판의 나무나 억새 사이에 단순한 모양의 동그란 그물을 수평으로 치는 아주 보기 드문 거미예요.